Lecciones en seis palabras sobre

La experiencia de crecer con autismo

100 lecciones para entender cómo las personas con autismo ven la vida

Trevor Pacelli

Pacelli Publishing
Bellevue, Washington, USA

SIX
~ WORD
LESSONS

Lecciones en seis palabras sobre la experiencia de crecer con autismo

Publicado por Pacelli Publishing
9905 Lake Washington Blvd. NE, #D-103
Bellevue, Washington 98004 USA
PacelliPublishing.com

Diseño de la portada y el interior por Pacelli Publishing
Foto del autor por Holli Dunn Photography
Traducción: Elizabeth Benítez Rojas, 2018.

ISBN-10: 1-933750-87-1
ISBN-13: 978-1-933750-87-3

Uno de cada 68 recién nacidos en EEUU nacerá con un trastorno del espectro autista...

Sólo un 56% de alumnos con autismo terminan el bachillerato...

Un millón de americanos viven con un trastorno del espectro autista...

Me llamo Trevor Pacelli. Me diagnosticaron autismo cuando tenía cinco años. Soy el primero de mi familia con autismo. Crecer con autismo ha sido difícil, no sólo para mí, sino para mis padres y mi hermana. Todos hemos tenido que aprender acerca del autismo y cómo mantener la paz en el hogar. Realmente quiero que otras familias con niños autistas aprendan de mis experiencias. Esta es la razón por la cual he escrito ***Lecciones en seis palabras sobre la experiencia de crecer con autismo.***

En este libro, encontrarás 100 consejos cortos y prácticos que te ayudarán a entender a la persona autista en tu vida, impartidos a través de las reveladoras experiencias personales de alguien que se ha criado con autismo. En vez de tener que escudriñar páginas y páginas de información, recibirás los consejos rápida y fácilmente en el libro ***Lecciones en seis palabras sobre la experiencia de crecer con autismo***.

Espero que mis experiencias te ayuden a criar a tu hijo/a autista o a relacionarte con cualquier persona autista que conozcas. Cuéntame cómo te ha impactado este libro escribiéndome a **Trevor@growingupautistic.com**.

Para mi hermana Briana, por entenderme cuando nadie más podía hacerlo.

Para mi madre Patty, por ayudarme a escribir y editar este libro.

Para mi padre Lonnie, por animarme a escribir este libro.

Y para mi tía Lori, quien está ahora con su Salvador.

Índice

Sospechando que tu hijo/a tiene autismo

1

Se comportan diferente a los demás.

Algunas primeras pistas que indican que un niño tiene autismo son las diferencias entre ellos y los demás niños como: retraso en el habla, falta de entendimiento de lo que le estás comunicando, llanto cuando le abrazas, y capacidades avanzadas y obsesivas en áreas específicas como, en mi caso, montar rompecabezas.

La opinión del médico cuenta mucho.

"Siento decirle esto, pero su hijo tiene autismo." Es escalofriante escuchar a tu médico decir esto cuando diagnostica a tu hijo. Tu pediatra es un buen primer paso para encontrar especialistas que te ayuden con el diagnóstico. Los médicos deberían ser honestos, hasta cuando es necesario contradecir lo que quieres escuchar o lo que te dicen tus amigos.

3

No siempre les gustan los abrazos.

A los niños autistas les gusta mantener su espacio personal y eso significa que a veces no les gusta el contacto físico con otras personas. Aunque no es mi caso, muchos niños autistas firmemente rechazan los abrazos y cualquier tipo de contacto físico.

El habla es una señal importante.

Según mi pediatra, a los dos años, los niños deberían estar usando por lo menos dos palabras para comunicar una idea. Si no, hay buena razón para sospechar que el niño tiene autismo. Este fue mi caso e inmediatamente empecé sesiones con un logopeda para que me ayudara a comprender y comunicarme mejor.

5

¿Nunca te miran a los ojos?

Muchas veces, los niños autistas están más interesados en la textura de los muebles que en ti, así que es posible que no mantengan contacto visual contigo. Sin embargo, son muy observadores, de forma que se darán cuenta de todo, incluyendo tu actitud hacia ellos.

Sus peculiaridades son evidentes y distinguibles.

¿Se bambolea al andar? ¿Se inclina hacia una dirección en concreto? Un niño autista puede tener hábitos físicos que hacen que destaque. Estos hábitos se pueden gestionar con terapia física u ocupacional. Sin embargo, yo agradecía cuando la gente tenía en cuenta que estas peculiaridades aún eran parte de mi identidad.

7

Podrían interactuar diferente con los hermanos.

La mayoría de los padres tiene más de un hijo y, cuando son pequeños, los hermanos pasan mucho tiempo juntos. Si uno de ellos tiene autismo, le puede costar llevarse bien con los hermanos. Ayuda a los hermanos a entender las diferencias y necesidades del niño autista, sobre todo su necesidad de pasar tiempo a solas.

No suelen compartir todos sus pensamientos.

A lo mejor piensas que están guardando secretos y que simplemente no quieren compartirlos, pero yo también tengo este dilema muchas veces y te puedo decir que, normalmente, estos niños simplemente quieren proteger las fantasías que viven en sus mentes.

9

No les gusta que les interrumpan.

Como los niños autistas no expresan mucho sus pensamientos al mundo externo, no soportan que la gente intente romper las barreras de sus mentes. Hasta que no aprendan mejores estrategias para sobrellevar la situación, probablemente lloren, griten y se enfaden con sus padres cuando se les interrumpa.

Los lugares nuevos pueden provocar llanto.

Irse de casa para estar en un lugar nuevo puede intimidar a los niños autistas. Al ser todo desconocido, se quejarán para volver a casa. Para estar preparado, lleva algo reconfortante como su juguete favorito y dale detalles por adelantado referente al viaje.

11

Juegan muy bien cuando están solos.

Mi madre me dice que era sorprendentemente fácil cuidar de mí cuando era pequeño porque me encantaba jugar solo. Podía concentrarme en mi actividad favorita, los rompecabezas, por horas y no necesitaba que nadie me prestara atención. Mi hermana era muy diferente y demandaba mucha interacción con nuestros padres u otros niños.

Una percepción
diferente del mundo

12

No podrás creer lo que piensan.

La mayoría de la gente piensa de forma lógica; otros piensan de forma imaginativa. Pero los que tenemos autismo, incluyéndome a mí, pensamos de forma completamente abstracta que tiene poco sentido para los demás. Es una combinación de imaginación y de la manera personal de ver el mundo que tiene el autista.

No suelen ver simplemente un árbol.

En vez de ver sólo un árbol, puede que añadan algo más y que se lo imaginen pintado de rosa y amarillo, con retoños de 17 ojos y con la altura de Godzilla. Su imaginación les permite ver todo como un mundo creado por ellos.

14

Su imaginación está por las nubes.

Una toronja se abre y un híbrido girafa-murciélago sale y canta Los cinco lobitos en chino. Esto es sólo un ejemplo de cómo funciona mi imaginación. Nadie que no sea yo entendería de dónde he sacado esto.

Los autistas observan todo al extremo.

Por mi autismo, les presto mucha atención a los detalles y me doy cuenta de cosas que los demás no notan. Otros como yo también tienen esta característica y ha sido comprobado que la mayoría de las personas autistas aprende visualmente a través de la observación.

16

Les parece difícil explicar sus pensamientos.

A pesar de la cantidad de pensamientos que me pasa por la mente, a veces no puedo encontrar la manera de compartir nada de esto con los demás. Mis pensamientos son muy privados para mí y normalmente no puedo expresarlos verbalmente.

17

Se concentran en sólo una actividad.

Como me concentro tan intensamente en lo que estoy haciendo en cada momento, muchas veces tardo una hora completa en cambiar de una actividad a otra. Esta es una razón por la cual las transiciones son unas de las dificultades más comunes para los autistas.

18

Es difícil intentar hacer nuevas actividades.

Hay ciertas actividades, como el dibujo y el arte, que me fascinan. Cuando era más jóven, sentía aversión por actividades que no me interesaban y normalmente no quería participar en ellas.

19

Tienen talentos excepcionales en áreas específicas.

Sé que tengo un verdadero don para el dibujo y la fotografía. No todos los niños autistas tienen capacidades artísticas, pero normalmente tienen un talento excepcional en el que destacan. Pueden ser historiadores prodigiosos, expertos en la biología marina o hasta minuciosos nutricionistas.

20

Sacan notas o buenísimas o malísimas.

Los cerebros de algunos niños autistas hacen que su rendimiento escolar sea o estupendo u horrible en ciertas asignaturas. Puede haber alguno que sea un experto en ciencias naturales y que haga todas los trabajos en el laboratorio con facilidad pero que no podría resolver una ecuación matemática aunque su vida dependiera de ello.

Pocas personas piensan exactamente como ellos.

He conocido muy pocas personas que tienen un estilo de pensar tan amplio y detallado como el mío. Cada individuo con autismo tiene una forma de pensar única, lo cual les capacita para ayudar en áreas en las que ninguna otra persona puede.

Tiempo a solas versus tiempo con los demás

22

La mayoría necesita tiempo a solas.

Siempre he sentido que pasar tiempo a solas me ayuda a relajarme y disfrutar de las pequeñas cosas de la vida, pero esto no significa que soy antisocial. Disfruto de la compañía de mis amigos y familiares, aunque no tanto como la mayoría de la gente.

Algunos están más cómodos a solas.

Aunque no siempre quiero estar solo, muchas veces me siento mucho más en control de mí mismo y libre de dar rienda suelta a mis emociones cuando estoy solo. Otras personas como yo también pueden sentirse más contentas a solas.

24

Equilibrar tiempo a solas e interacción.

Aunque era fácil para mis padres dejarme jugar solo cuando era pequeño, como parte de mi terapia logopédica, tenían que jugar conmigo y hablarme de formas específicas para enseñarme a comunicarme mejor. Simplemente hay que encontrar un equilibrio entre el tiempo de interacción y el tiempo a solas.

Tambíen les apetece salir con amigos.

Cuando estaba en el instituto, mi interés principal era pasar mi tiempo libre con otras personas, aunque también necesitaba tiempo a solas. Sentía envidia cuando veía a mis amigos pasar tiempo con otras personas y tenía una profunda necesidad de encajar con los demás.

26

Necesitan desahogarse y expresar sus preocupaciones.

Algunos tienen la necesidad de expresar inmediatamente a los demás lo que les preocupa. Sin embargo, para mí siempre ha sido importante pasar un poco de tiempo a solas para reflexionar sobre lo que me preocupa antes de verbalizarlo.

Salir les ayuda a desarrollar socialmente.

Puedo recordar momentos en los que he dicho algo que ha herido a alguien mientras estaba con mis amigos, pero salir y pasar tiempo con ellos me ha ayudado a estar más consciente de las emociones y reacciones de los demás.

28

Todo el mundo necesita socializar suficiente.

Si todo el mundo evitara la interacción social y nunca saliera de casa, ¡el mundo sería un lugar terriblemente aburrido! Cada ser humano que existe, incluyendo a los autistas, tiene un lugar que llenar en este rompecabezas enorme que llamamos la sociedad.

Pueden tener cambios repentinos de humor.

En un momento determinado, les encanta hablar con los demás. Luego, de buenas a primeras, un recuerdo doloroso les viene a la mente y ya no quieren hablar más. Esto siempre me ocurre y realmente afecta cómo reacciono cuando estoy con otras personas.

30

Pueden pensar mejor estando a solas.

Cuando estoy a solas, siento que puedo pensar más en lo que está ocurriendo en mi vida. Si estoy cerca de una muchedumbre enorme por un periodo largo de tiempo, no puedo asimilar toda la actividad abrumadora.

Necesitan tiempo a solas cuando viajan.

Cuando viajan para visitar a sus familiares o para hacer turismo por periodos largos de tiempo, necesitan tiempo para apartarse de los demás y estar solos, sin importar la edad que tengan. Yo todavía siento la necesidad de pasar tiempo a solas de vez en cuando mientras estoy de vacaciones.

Cambios repentinos son grandes desafíos

32

Concientízate de que pueden hacer pataletas.

Cuando era mucho más jóven, a menudo lloraba y hacía una pataleta cada vez que ocurría algo inesperado. Hasta cuando se trataba de un viaje al zoo, algo que normalmente les hace ilusión a los niños, no me gustaba simplemente porque no lo esperaba.

Planifican cada detalle de cada día.

Yo funciono mejor cuando planifico el día, lo cual significa que planifico exactamente qué voy a hacer y por cuánto tiempo. Por esto no me gustan los planes repentinos que interfieren con mi horario diario.

34

No pueden cambiar fácilmente de actividad.

Como he dicho, es difícil para mí cambiar de una actividad a otra. Sólo puedo hacer una transición fluida en un entorno adecuado que me permite hacer la actividad que toca y me brinda suficiente apoyo para guiarme hacia la próxima actividad.

Sus cerebros necesitan tiempo para asimilar.

Aunque ya he aprendido a lidiar con cambios repentinos en el horario, todavía necesito un poco de tiempo para asimilar la idea del cambio antes de poder aceptarlo y llevarlo a cabo. Eso es realmente lo único que necesita la mayoría de los niños autistas para tranquilizarse: tiempo.

36

Puede que sus reacciones sean inesperadas.

Le dices a tu niño autista: "¡Vamos al parque a jugar con el disco volador!", pero es posible que tu niño llore y se queje. Aunque normalmente le encanta ir al parque, simplemente no está listo para ir en ese momento.

37

Les gusta tener un horario exacto.

Siempre me levanto a la misma hora, me ducho a la misma hora y me acuesto a la misma hora todos los días. Casi nunca rompo esta rutina y esto me ayuda a mantener una mente estable.

38

No les gusta cambiar sus planes.

No siempre te están comunicando: "O se hace a mi manera o no se hace", sino: "Estaba listo para que me ocurriera esto en concreto, no otra cosa". Me preparo tanto para que ocurra algo específico que, cuando ocurre todo lo contrario, me disgusto.

Aprender cosas nuevas es muy difícil.

Los que tienen autismo pueden tardar por lo menos el doble o más en aprender algo nuevo. No están acostumbrados a nada desconocido y no quieren sentirse obligados a aplicar un nuevo conocimiento a sus vidas.

40

No es buena idea darles sorpresas.

Una característica que resalta en las personas con autismo es que pueden estar tan absortas en su propio mundo que son increíblemente sensibles a cualquier cosa inesperada. Las sorpresas, como acercarse sigilosamente para intencionalmente darles un susto o cualquier otro tipo de broma, normalmente les alteran.

Piensan repetitivamente. Piensan repetitivamente. Piensan repetitivamente.

Mi vida diaria es un patrón: me levanto, voy a clase, vuelvo a casa, hago los deberes y me acuesto. Cualquiera con autismo seguirá un patrón parecido. Una vez que el padre se dé cuenta de esto, entenderá mejor al niño.

Haciendo amistades

42

Tiempo con amigos versus a solas.

Todo el mundo necesita salir y socializar, ¿verdad? Pero si alguien tiene autismo, a cualquier edad, necesita aprender a equilibrar el tiempo con las amistades (lo cual es necesario y deseado) y el tiempo a solas (lo cual necesitan para dar rienda suelta a sus emociones y apartarse de las presiones del mundo).

Muchas veces no saben qué decir.

A algunas personas con autismo les cuesta verbalizar exactamente lo que están intentando comunicarle a alguien. Yo todavía tengo esta dificultad. Tengo la idea perfectamente formada en mi mente, pero verbalizarla es difícil y requiere tiempo.

44

Familiarizarse con la gente es difícil.

Puedo decir con toda certeza que es muy difícil para los autistas encontrar algo que tienen en común con los demás. Como no fijan toda su atención en la persona con quien están hablando, no saben qué decir o hacer cuando están con ella.

No explican lo que les preocupa.

Como he dicho antes, las personas con autismo no saben cómo explicar sus pensamientos. Si les preguntas qué les está molestando, probablemente te digan que no saben exactamente lo que es, pero en realidad, es que simplemente no saben cómo explicarlo.

46

No saben exactamente cómo deberían reaccionar.

Hay muchas cosas que la gente le puede decir a un niño autista que él no sepa interpretar. Comentarios inocentes que no necesariamente ofenderían a los demás sí pueden ofenderle a él. Comentarios que les pueden parecer sencillos a los demás pueden confundir a un niño autista. Por lo tanto, puede que no sepa cómo responder a ciertas cosas que le dicen los demás.

Interpretan los chistes de forma literal.

Aunque yo nunca he tenido el problema de interpretar las cosas de manera literal, conozco a otros niños autistas que suelen malinterpretan los chistes que cuentan los demás. Esto les lleva a sentirse confundidos, sorprendidos por un comentario sarcástico u ofendidos.

48

Se toman los insultos a pecho.

Cuando alguien me dice algo con la intención de herir mis sentimientos, me siento muy deprimido y con el ánimo por el suelo. Yo y otros como yo tenemos emociones muy delicadas y nos hieren con facilidad.

Les suele costar compartir sus pensamientos.

Cuando uno está con amigos, lo que impulsa la interacción es que todo el mundo comparte sus experiencias. Pero la persona autista simplemente no puede compartir sus pensamientos con los demás. Le da miedo parecer demasiado rara o demasiado diferente al grupo.

50

Pueden decir algunas cosas sin intención.

Yo tengo este problema a menudo. Quiero decir algo de una manera y me sale completamente diferente sin que me dé cuenta. Como resultado, la gente se siente herida o piensa que soy maleducado o irritable.

Siempre tienen la sensación de soledad.

Esto es algo con lo que he tenido que lidiar toda mi vida: ver a mis amigos salir con sus amigos más cercanos sin invitarme a ir con ellos. Ver esto es suficiente como para desanimar a cualquiera. Sigue animando a tu hijo a no rendirse y encontrará amigos verdaderos.

¿Cuál es la mejor opción educativa?

52

La intervención temprana es muy importante.

Empieza cuanto antes a ir a varios médicos para averiguar qué necesita tu hijo y obtener un diagnóstico exacto. A mí me diagnosticaron un retraso en el habla cuando tenía dos años y empecé sesiones terapéuticas con un logopeda. Esto me ayudó a prepararme para encontrar la escuela infanil adecuada.

Diagnosticar el autismo provee mejores oportunidades.

Cuando tenía cinco años, me diagnosticaron un Trastorno Generalizado del Desarrollo No Especificado, un tipo de autismo. Por esto, tuve derecho a servicios especiales en mi colegio público y estuve matriculado en un Programa de Educación Individualizada (IEP, por sus siglas en inglés) desde la escuela infantil hasta el instituto.

54

IEPs ayudan a monitorizar el rendimiento.

Por el diagnóstico de PDD-NOS (por sus siglas en inglés), me dieron el derecho de matricularme en un IEP, lo cual significaba que tenía asignada una profesora de educación especial. Ella se reunía con mis padres y trabajaba con mis otros profesores para establecer y monitorizar metas en áreas como rendimiento escolar, comportamiento y comunicación.

Opciones educativas para la educación primaria.

Mis padres aprovecharon los servicios especiales que ofrecían en mi colegio público. Sin embargo, tu hijo puede encajar mejor en ciertos tipos de colegios privados, como colegios cristianos, colegios Montessori o centros para necesidades especiales que atienden a niños autistas.

56

Si no existe la comunicación verbal.

En este caso, las opciones están un poco más limitadas. Dependiendo de la capacidad de aprendizaje de tu hijo, la mejor opción puede ser que tú le enseñes. Pero hay otras opciones, como colegios privados y tutores que pueden comunicarse y enseñarle de manera que pueda entender.

Observa cómo interactúa con los profesores.

Los profesores son los mentores principales de tu hijo según va creciendo. A un niño autista le puede encantar una profesora, pero se puede sentir incómodo con otra. Para mí, la prioridad más importante en mi experiencia educativa fue sentirme cómodo con la persona que me estaba enseñando. Es posible que el mejor profesor sea un padre.

58

¿Hacer amigos es siempre una prioridad?

Puede haber una época en los años educativos de tu hijo en la que las habilidades sociales deberían convertirse en una prioridad menos importante que el rendimiento académico. Para mí, cuando estaba en primero de la ESO, hacer amigos era menos importante que aprender en un entorno productivo, así que empecé un programa de enseñanza en el hogar.

Cambiar de colegio puede ser difícil.

Debido a la transición dificultosa del colegio al instituto, mis padres decidieron matricularme en un programa de enseñanza en el hogar cuando empecé en primero de la ESO. Por dos años, mis estudios consistían en clases en mi instituto público, clases en casa con mis padres y clases en un centro más pequeño especializado en enseñanza en el hogar. Hay muchas opciones que se pueden tener en cuenta para encontrar la mejor para tu hijo.

60

Cualquier opción educativa se puede cambiar.

Mi trayecto académico cambió del colegio público a enseñanza en casa, y luego volví al instituto público en tercero de la ESO, lo cual fue la decisión correcta para mí. Aunque a los niños autistas les gusta la predictibilidad y la regularidad, no veas ninguna de las decisiones educativas como una que debe continuar hasta que terminen sus estudios.

Transiciones en el colegio según van creciendo

61

Los profesores pueden impactar muy positivamente.

Tuve la bendición de poder completar mis estudios en un municipio con buenos colegios públicos y estoy agradecido por los profesores, directores, orientadores y otros profesionales amables que tenían un buen conocimiento de cómo ayudar a los niños autistas y que me demostraron amor, atención e interés. Buenos profesores, con la ayuda de la participación de mis padres, me ayudaron a aprender y crecer, tanto académica como socialmente.

62

Los profesores no siempre son maravillosos.

También tuve algunos profesores que no encajaron con mi estilo de aprendizaje. Colabora con los administradores para encontrar profesores que se adapten a las necesidades de tu hijo. Involucrarse en la asociación de madres y padres y ayudar en el aula también te ayudará a conocer mejor a los profesores.

63

Cada curso es bastante más difícil.

Con razón va aumentando el número identificativo de cada curso; demuestra el aumento en el nivel de dificultad según se va avanzando, lo cual es especialmente evidente para los niños autistas. Familiarízate con los profesores y mantente involucrado en los deberes de tu hijo para que puedas ayudarle a avanzar de un curso al siguiente.

Hay una cantidad inesperada de deberes.

Para los alumnos autistas, cualquier cosa que sea más de lo que se espera es muy difícil. Como les gusta que la vida sea igual cada día, hacer los deberes es especialmente dificultoso. Colabora con el profesor para ayudar a tu hijo a saber qué esperar.

65

Cada colegio tiene un gran acosador.

El autismo puede hacer que tu hijo sea una diana para el acosador del colegio. Mantener una buena comunicación con tu hijo, con sus profesores y con otros padres te ayudará a mantenerte al tanto de lo que está pasando y controlar el acoso.

Pueden caer bajo las malas influencias.

Puede que algunos niños autistas no tengan la capacidad de tomar buenas decisiones cuando les ofrezcan drogas o alcohol. ¿Será tan malo tomarse estas pastillas? ¿Será verdad lo que dice este chico, que los cigarrillos no son tan malos? Háblale a tu hijo clara y detalladamente cuando le expliques sobre la drogadicción.

67

Cambiar de escuela significa conocer gente.

Empezar en un centro educativo nuevo, ya sea en un instituto o en una universidad, es difícil por la cantidad de alumnos desconocidos. Puedo tardar hasta seis meses en conectar con la gente y mucho más en saber quiénes son mis verdaderos amigos.

Cambiar de escuela es muy difícil.

Cuando empecé en la universidad, todo se me hizo más difícil porque estaba en un lugar nuevo con gente nueva y un estilo educativo nuevo. Es desafiante para personas como yo adaptarse a un cambio tan grande.

69

Es difícil separarse de los padres.

Cuando tu hijo se vaya a la universidad, puede que esté lejos de ti. Los hijos autistas tardan más que los demás en aceptar que están lejos de los padres y necesitan ayuda adicional para superar las emociones negativas relacionadas con la separación extrema.

Las asignaturas no serán de interés.

Todos los alumnos tienen que tomar clases que consideran aburridas, en las que tienen poco o ningún interés. A los niños autistas les costará más aceptar esto porque son más estrictos y obsesivos a la hora de definir sus verdaderos intereses.

71

Van de un aula a otra.

Como he dicho antes, algunos como yo sólo se pueden concentrar en un tema a la vez. La época universitaria, la cual requiere ir de aula en aula en un recinto universitario grande, evidentemente puede ser frustrante, y la cantidad de trabajo de tantas clases diferentes puede ser abrumadora.

Acontecimientos importantes de la vida son especialmente desafiantes

72

La mudanza abre un capítulo nuevo.

En su hogar anterior, el niño sabía dónde estaba todo, pero en un nuevo hogar, de buenas a primeras no puede encontrar nada y tiene que reestablecer sus rutinas y actividades diarias. Avísale con antelación dónde estarán sus pertenencias para que se sienta más cómodo en la casa nueva.

¡Es un niño!
¡Es una niña!

Soy el más pequeño en mi familia, así que nunca tuve que vivir la experiencia de tener un hermano pequeño. Si tu hijo autista tiene que adaptarse a tener un nuevo hermano o hermana, procura prepararle para lo que debería esperar y mantén un equilibrio entre tiempo a solas y tiempo de interacción con el recién nacido.

74

"Papá no vivirá más con nosotros."

Aunque el divorcio es devastador para todos, es especialmente difícil para tu hijo autista porque interrumpe el orden de su mundo. Si ocurre el divorcio, intenta mantener su rutina en la medida de lo posible y dale detalles con antelación sobre horarios de visitas y cualquier otro cambio en casa. Ayúdale a mantenerse en contacto con el otro padre a través de las redes sociales, del teléfono y de Skype, dependiendo de la edad del niño.

"Papá se ha vuelto a casar."

Como si el divorcio no fuera suficientemente difícil para tu hijo, ¡imagínate si su madre o su padre se casara de nuevo! Intenta ser complaciente cuando tu hijo pida tiempo con el otro padre biológico. La adaptación requerirá tiempo y paciencia. Mantén a tu hijo autista informado de los planes y novedades para que no se lleve sorpresas.

76

La nueva pareja viene a casa.

Cuando ocurre el divorcio, puede que tu hijo no tenga ninguna otra opción que vivir con la nueva pareja del padre o la madre. Esto es un gran desafío para un niño autista. Para hacerlo más fácil, colabora con tu nueva pareja y tu hijo para que lleguen a conocerse mejor y explícales cómo será el nuevo arreglo.

La nueva pareja trae nuevos hermanos.

Existe la posibilidad de que la nueva pareja traiga a sus propios hijos o hijas, lo cual requerirá que tu hijo autista se acostumbre a tener hermanastros o hermanastras en casa. Invierte tiempo adicional en ayudar a los hijos de tu nueva pareja aprender sobre el autismo y los desafíos específicos que tiene tu hijo. Busca cosas que tengan en común y ayúdales a familiarizarse los unos con los otros.

78

La niñera está aqui. ¿Ahora qué?

Si piensas contratar a una niñera, preséntale a tu hijo varias veces antes de hacerlo e invítale a cenar con vosotros varias veces. Asegúrate de que la niñera se familiarice con el autismo y las necesidades de tu hijo antes de empezar a trabajar. Los horarios y las rutinas serán una gran ayuda para todos.

El hermano mayor debe seguir adelante.

Tuve que separarme de mi hermana cuando se fue de casa para ir a la universidad. Cuando me di cuenta de que se había ido, fue difícil aceptarlo. Pero con el tiempo, me acostumbré a ello. Saber cuándo la vería de nuevo, si vendría a casa o si iríamos nosotros a visitarla me ayudó mucho. También nos mantuvimos en contacto a través de Facebook.

80

Familiares que se quedan más tiempo.

De vez en cuando, puede que tengas un familiar que se quede en casa por un periodo extendido de tiempo. Este tipo de cambio interrumpe la rutina diaria de tu hijo e implica a personas desconocidas, así que esfuérzate en ayudar a tu hijo a llegar a conocer a los familiares contándole algo sobre ellos antes de que lleguen. Explícales a los familiares cómo relacionarse con tu hijo también. Si dormirán en la habitación de tu hijo, separa un espacio donde tu hijo pueda guardar sus pertenencias, pasar tiempo a solas y crear una nueva rutina temporal.

Perdonando y olvidando el pasado

81

Puede que guarden rencor a veces.

Cuando miro hacia atrás y recuerdo los últimos diez años, todavía me siento molesto con alguien por herir mis sentimientos o simplemente por ser un mosquito zumbón. A los niños con este problema se les debería ayudar a recordar las personas más amables que conocen hoy en día.

El sentimiento de culpa les puede.

Darme cuenta de mis errores me desanima enormemente por el resto del día. Si tu hijo autista tiene este problema, explícale con claridad que lo que ha hecho no es tan malo comparado con lo que hacen otros niños de su edad en la misma situación.

83

Sus recuerdos son intensos y vívidos.

Algunas personas autistas como yo tienen recuerdos tan precisos que recuerdan detalles pequeños a los que los demás no les dan importancia. Ten esto en cuenta cuando le animes a tu hijo a dejar los recuerdos dolorosos en el pasado.

Pueden ser dogmáticos por experiencias pasadas.

Tu hijo puede tener opiniones muy definidas referente a ciertos puntos de vista, las cuales pueden haberse originado de alguna experiencia que haya tenido en el pasado. Esta experiencia puede cambiar su forma de ver las cosas hoy en día, así que ayuda a tu hijo a concentrarse en el verdadero asunto en cuestión.

85

A menudo monitorizan a la gente.

Si a tu hijo le cuesta tolerar a alguien que considera insoportable, ayúdale a hacer un gráfico para enumerar las buenas cualidades de esa persona en una columna y las malas en otra. Esto ayuda a darle un punto de vista más realista a tu hijo.

Es difícil olvidar las experiencias negativas.

Como tengo un punto de vista narrativo de la vida, me parece difícil dejar atrás el pasado porque me ha hecho la persona que soy hoy en día. Ayúdale a tu hijo a ver que recordar el pasado está bien, pero que no debería vivir en él.

87

Mirarán hacia atrás y se desanimarán.

¿Recuerdas esa vez que tu hijo rompió el tarro de galletas hace quince años y lo regañaste? Bueno, por su memoria tan vívida, todavía sigue traumatizado por el recuerdo doloroso. Es importante ser empático si se siente triste por experiencias pasadas.

Las emociones son intensas e inolvidables.

Cuando siento una emoción, sea risa o tristeza o ira, es mucho más intensa que la de los demás. Tu hijo necesitará que le ayudes a expresar estas emociones y mantenerlas en perspectiva. Valida sus emociones, pero muéstrale otros puntos de vista también, teniendo en cuenta su memoria vívida.

89

Se toman todo de forma personal.

Puede que alguien insulte a tu hijo, con o sin intención, y él se lo tomará más a pecho que los demás, lo cual puede hacer que evite socializar por completo. Realmente necesita escuchar tus palabras de ánimo para mantenerse alejado de los pensamientos negativos.

Las sobrerreacciones pueden producir pensamientos negativos.

Reflexionar sobre todas las cosas malas que he hecho en el pasado me ha hecho vulnerable a sentimientos de inutilidad y odio propio. Posibles soluciones pueden incluir terapia psicológica, palabras de ánimo o, cuando el niño es más pequeño, simplemente una distracción como una nueva actividad para que pueda despejar la mente.

El día a día con tu hijo/a autista

91

Cómo se relacionarán con tus amigos

Con frecuencia, a los padres de niños autistas les preocupa cómo sus hijos se portarán con sus amistades, sabiendo que pueden decir algo inapropiado. Intenta anticipar cada situación y recuérdale a tu hijo con detalles cómo interactuar con los invitados cada vez.

92

Escucharás historias nuevas todos los días.

Muchas veces, tu hijo volverá a casa del colegio sintiéndose abrumado por el ambiente ajetreado y difícil. Sé paciente a la hora de empezar actividades extraescolares y escucha lo que tu hijo quiera contarte cada día.

93

No piensan que compartir demuestra cariño

Nunca me ha gustado compartir mis intereses o pensamientos personales porque sentía que eran demasiado diferentes a los de los demás. Ayúdale a tu hijo a expresar algún pensamiento de vez en cuando con más frecuencia y no todos a la vez.

94

Las relaciones no siempre son prioridad.

Muchas personas autistas prefieren pasar tiempo en su propia mente en vez de con los demás. Es tu responsabilidad como padre sacar a tu hijo de su zona de confort and ayudarle a mantener conversaciones de calidad con la gente que conoce.

95

Son muy sensibles a casi todo

Un niño autista es sensible a cualquier cosa extrema, sea con relación al tacto, el sonido, la vista, el sabor o el olor. En estos momentos, es bueno tener algo como un juguete para el estrés o una máquina de abrazos para ayudarle a tranquilizarse.

96

Consigue que los hermanos le apoyen

Tus hijos no autistas pueden ayudar a tu hijo autista a superar las presiones de la vida diaria. Mantenlos tan informados sobre el autismo como estás tú y hasta permíteles leer este libro. Esto les beneficiará cuando sean mayores.

97

Llama a un terapéuta. ¡Puede ayudar!

He hablado con terapéutas que se especializan en adolescentes con autismo, quienes me han mostrado empatía y me han guiado para ayudarme a superar mis luchas y preocupaciones. Pídele una recomendación al orientador del colegio de tu hijo si piensas que necesita terapia adicional.

98

Permíteles pasar suficiente tiempo a solas

Estar con mucha gente por demasiado tiempo crea un entorno abrumador para tu hijo, así que, si en cualquier momento dice que necesita tiempo a solas, dáselo porque realmente le ayuda.

99

Dales paciencia y tiempo para pensar.

Si algo me surge de repente, no sé cómo reaccionar. Si me dan unos quince minutos para pensar y asimilar el cambio, lo puedo aceptar con más facilidad.

El amor es la mayor prioridad.

Según iba creciendo, mis padres se aseguraron de que yo supiera que me amaban. Esto me animaba mucho. Cada día, dile a tu hijo que lo amas, pero no se lo digas demasiado porque puede que se sienta incómodo.

Sobre la serie de lecciones en seis palabras

Dice una leyenda que a Ernest Hemingway le presentaron el desafío de escribir una historia usando sólo seis palabras. Respondió así: «Se vende: zapatos infantiles sin usar». La historia despierta la imaginación. ¿Por qué nunca se usaron los zapatos? Las respuestas dependen de la imaginación del lector.

Este estilo literario tiene muchos nombres: ficción de postal, microrrelato y microficción. Un amigo le presentó a Lonnie Pacelli este concepto en 2009 y él empezó a pensar en cómo esta brevedad extrema podría aplicarse en nuestra cultura de comunicación moderna de mensajes de texto, tuits y publicaciones de Facebook. Escribió el primer libro, Lecciones en seis palabras para directores de proyectos, y empezó a ayudar a otros autores a escribir y publicar sus propios libros en la serie.

Todos los libros tienen capítulos con títulos en seis palabras, seguidos por una descripción de una página. Pueden ser escritos por emprendedores que quieren promover su empresa o cualquiera que tenga un mensaje que compartir.

Puede ver la serie completa de lecciones en seis palabras en 6wordlessons.com.

Descubre más libros y recursos sobre el autismo en GrowingUpAutistic.com.